¡Aaah!
¡Hay un esqueleto dentro de ti!

IDAN BEN-BARAK y JULIAN FROST

TakaTuka

Quog y Oort se dirigen a la fiesta de cumpleaños de Kevin.

Pero, por desgracia, han tenido que desviarse ligeramente de su camino.

Parece que van a
necesitar que alguien
les eche una mano.

Pasa la página para ayudar a Quog y Oort a abrir la puerta de la nave espacial.

Saluda a Quog y a Oort con la mano.

Ha llegado el momento de que Quog arregle la nave para que puedan ir a la fiesta.

El primer paso es que Quog empuje el motor colina abajo con sus nuevas manos.

TUS MANOS SON UN POCO... BLANDUCHAS.

Pero parece que tiene problemas.

¿Le enseñamos cómo se hace?

Dale un empujón a la página justo aquí:

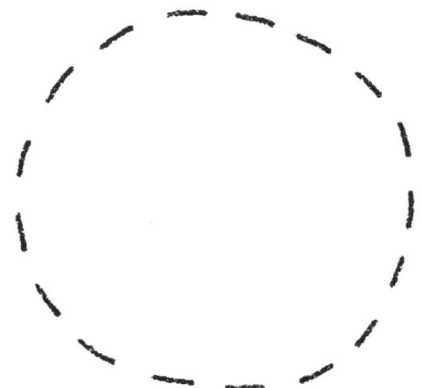

Vamos a mostrarles a Quog y Oort qué hay dentro de tu mano que la mantiene firme.

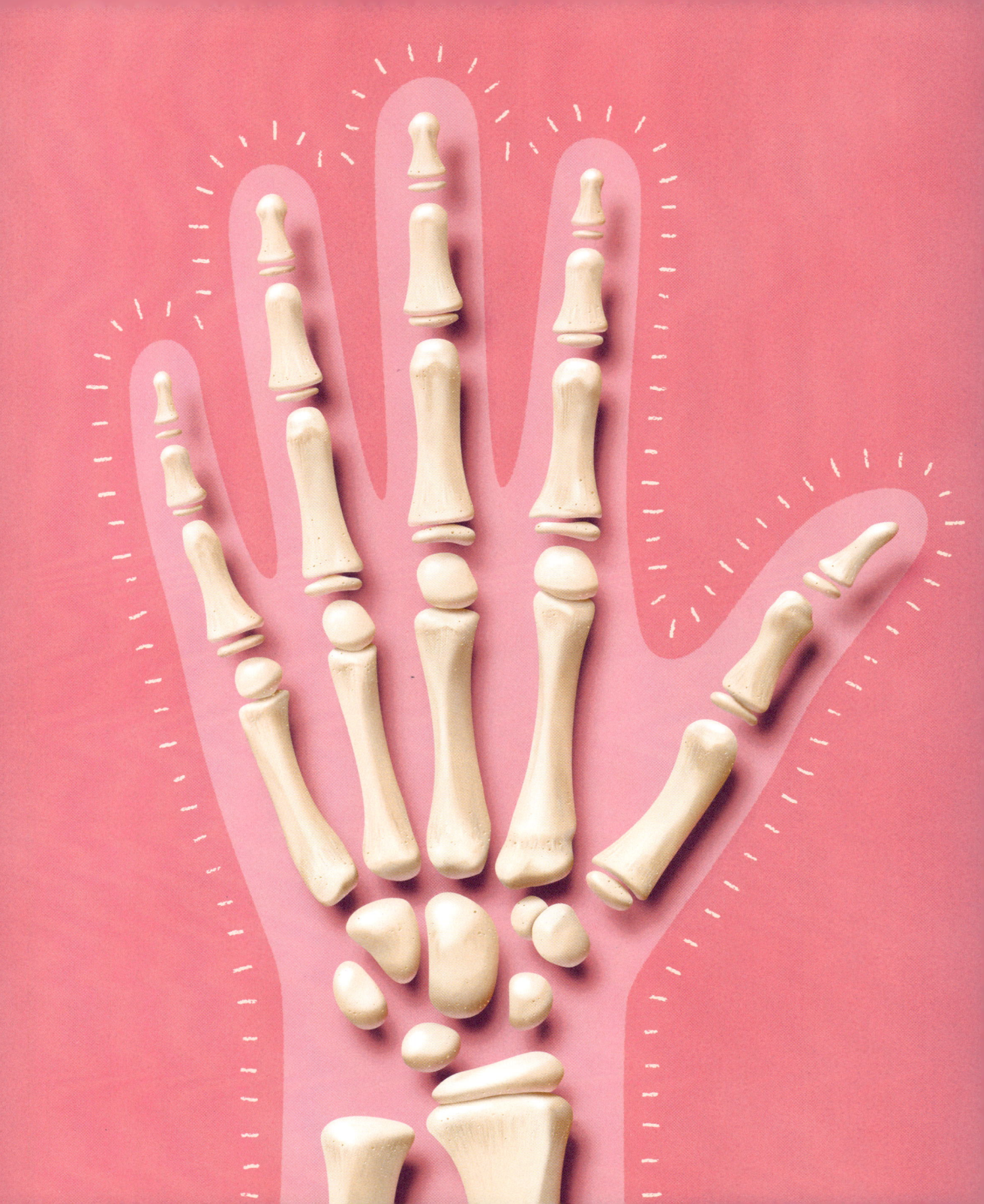

Esos son tus huesos.
Mantienen tu cuerpo firme.

Los huesos definen la forma de tu cuerpo
y te ayudan a moverlo.
Sin los huesos serías como gelatina.

Ahora Quog tiene que levantar el motor para colocarlo en su sitio.

Parece que tiene problemas.
¿Le enseñamos cómo se hace?

Levanta este libro por encima de la cabeza.

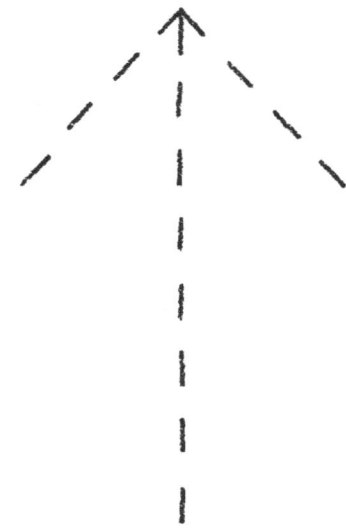

Vamos a mostrarles a Quog y a Oort qué hay dentro de tu mano que le da fuerza.

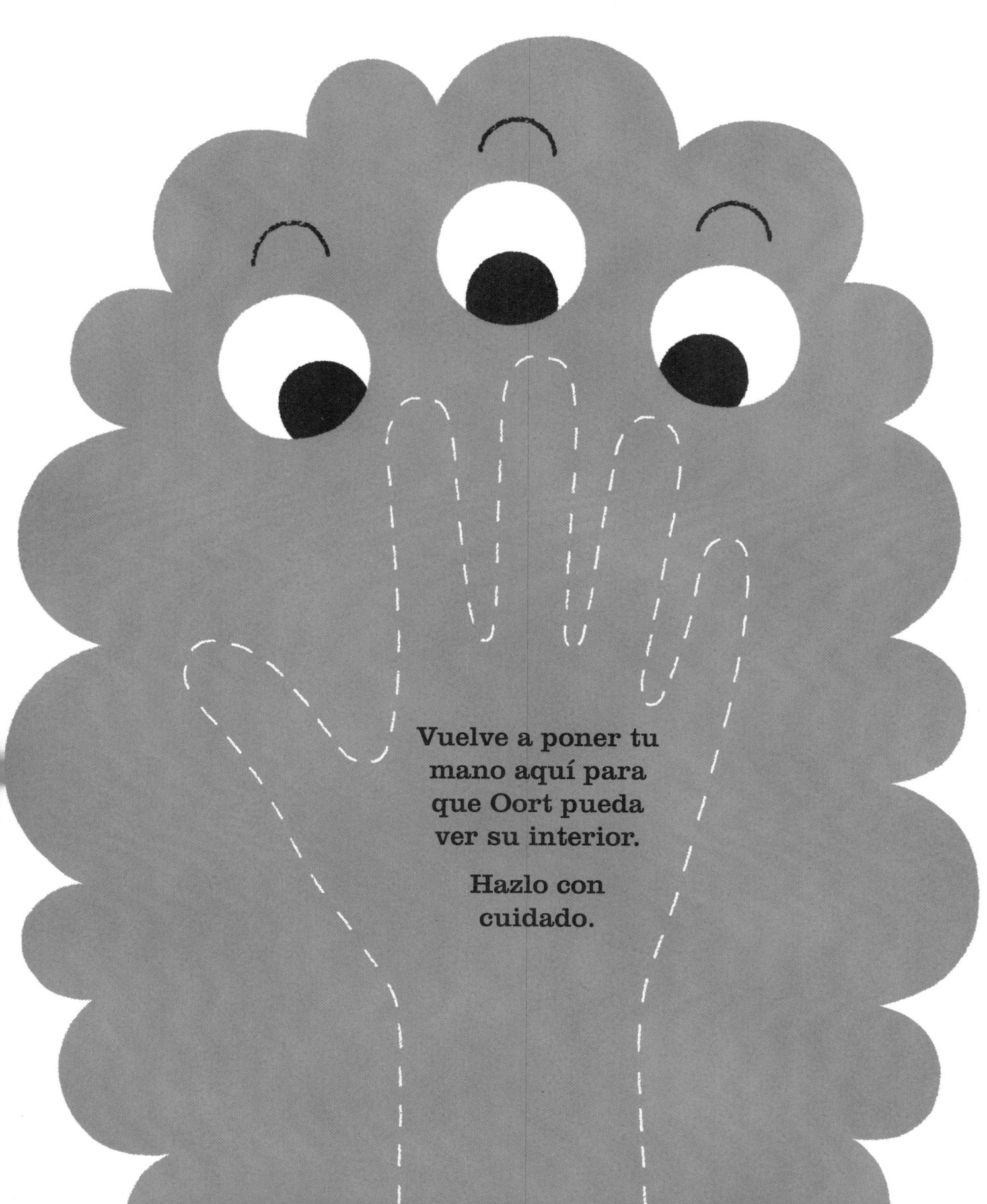

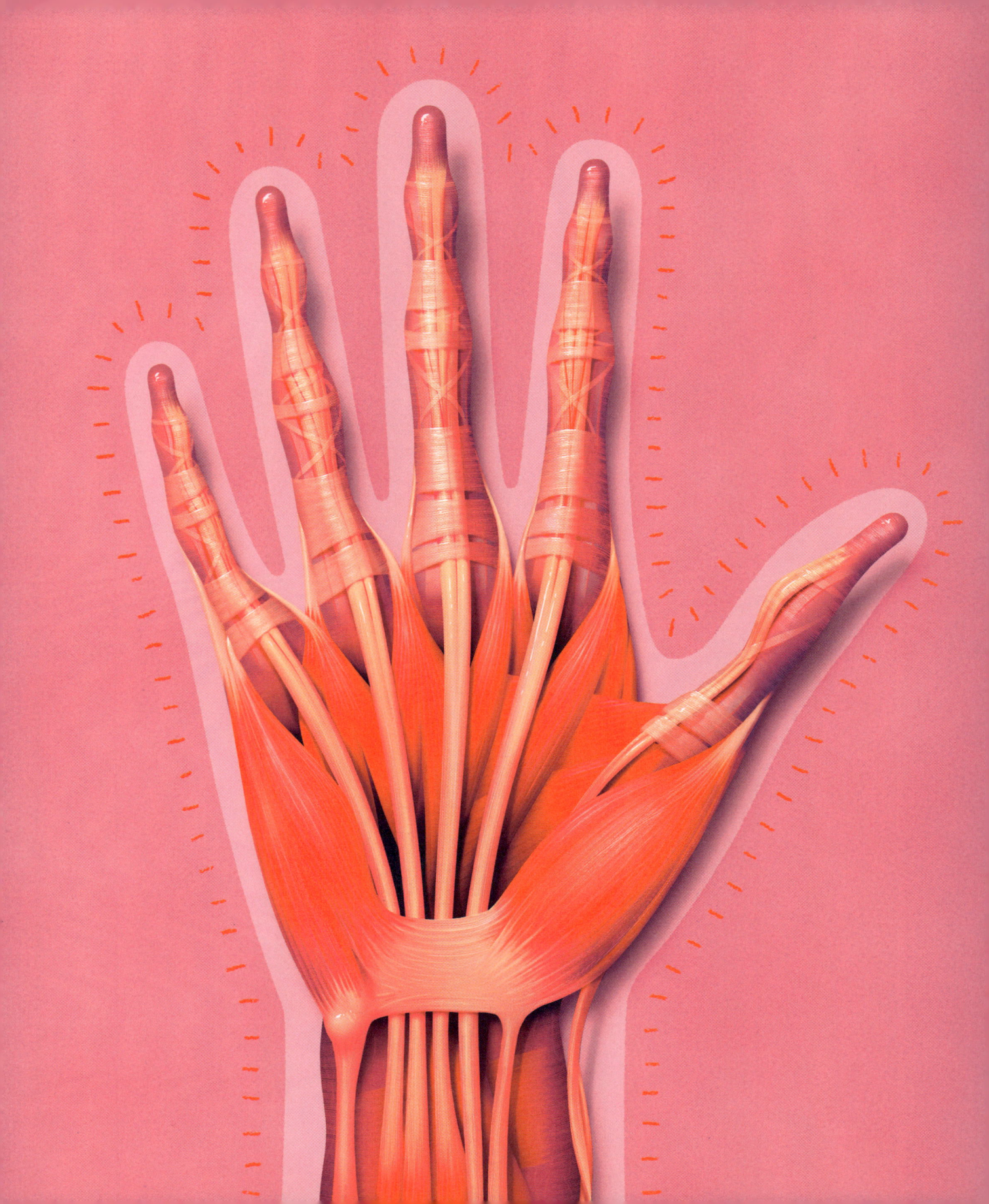

Esos son tus músculos. Ellos te dan la fuerza que necesitas.

Los músculos se conectan a tus huesos. Cuando se contraen, tiran de los huesos y hacen que te muevas.

Lo último que tiene que hacer Quog
es arrancar la nave otra vez.

Quog parece tener problemas para percibir
lo que sus manos tocan en la oscuridad.

¿Le enseñamos cómo se hace?

Cierra los ojos y pasa la
página sin mirar.

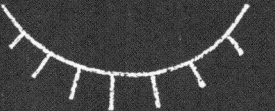 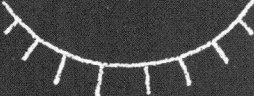

Vamos a mostrarles a Quog y a Oort qué hay dentro de tu mano que le permite percibir cosas.

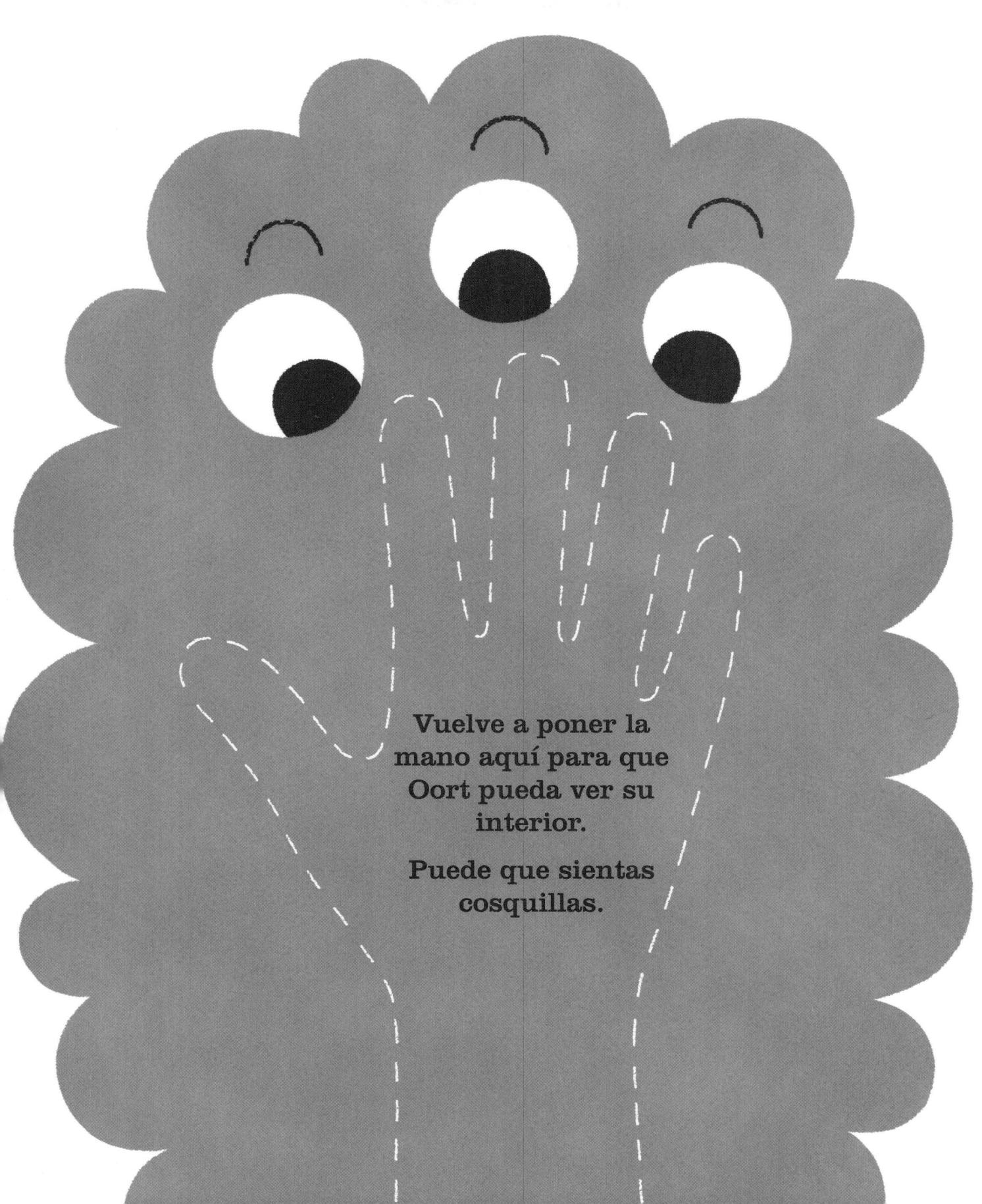

Vuelve a poner la mano aquí para que Oort pueda ver su interior.

Puede que sientas cosquillas.

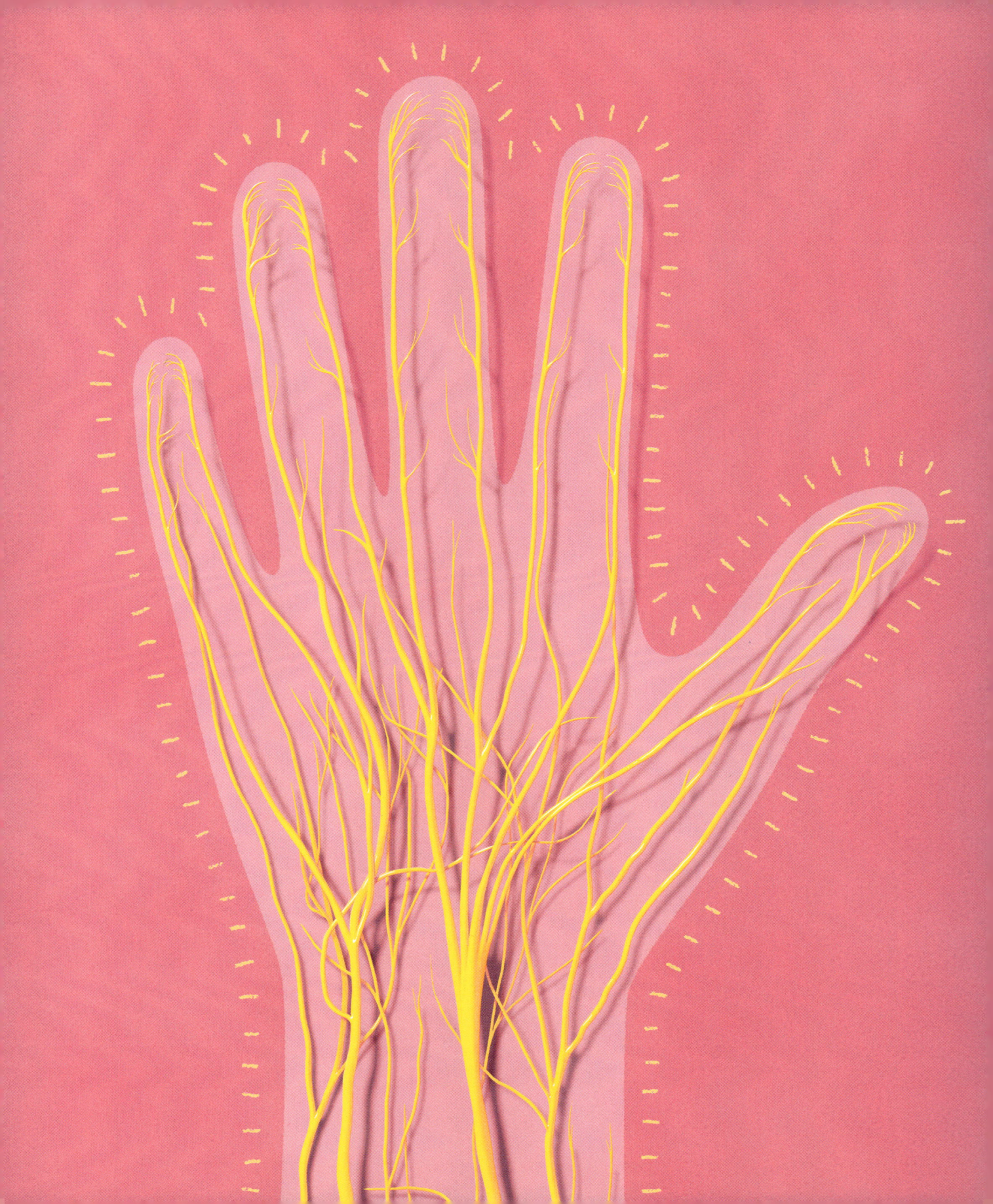

Esos son tus nervios. Ellos permiten que tus manos perciban lo que estás tocando.

Los nervios envían mensajes a tu cerebro y le explican, por ejemplo, la forma, la textura y la temperatura de lo que tocas.

El motor está conectado a la nave y el aparato está en marcha. Quog y Oort están listos para despegar. Kevin y su fiesta de cumpleaños les esperan.

¡Y para allá van!

Cómo hacer que te crezcan manos

Quog parece muy feliz con sus nuevas manos alienígenas. Ahora que has visto cómo se hace, ¡puede que tú también quieras estrenar un nuevo par! Unas manos extras siempre vienen bien.

A continuación te explicamos cómo unir los huesos, los músculos y los nervios:

1 Primero, conecta tus huesos con tus músculos. Después, conecta los músculos a tu cerebro con los nervios:

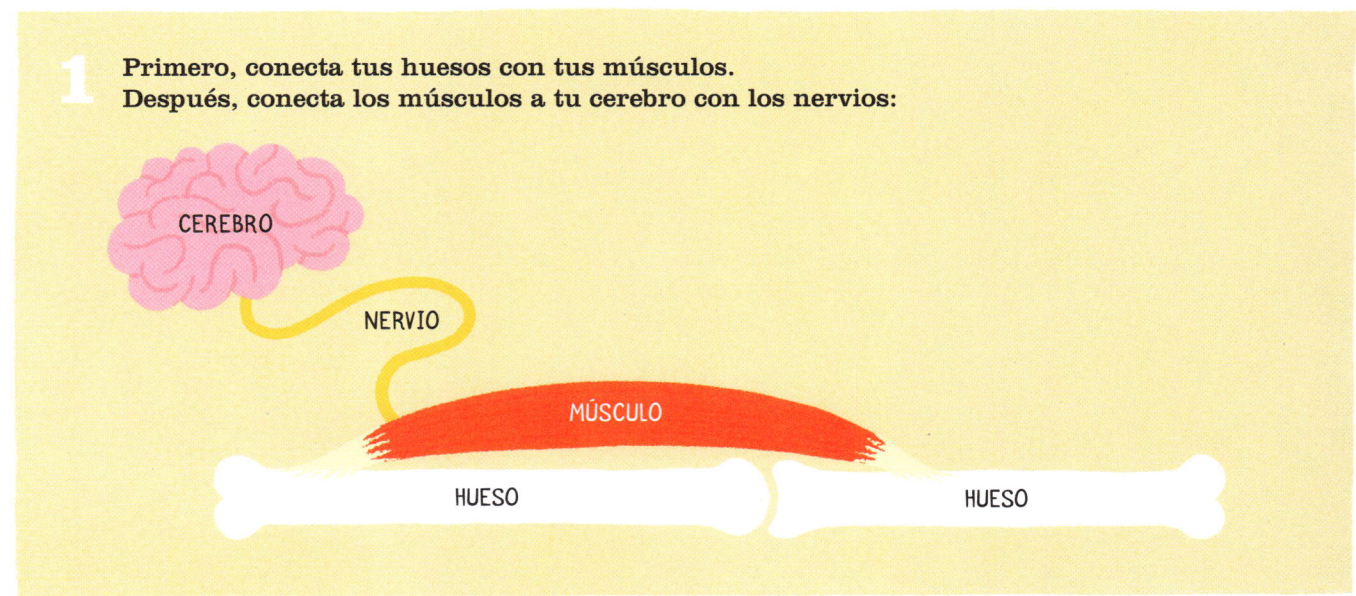

2 Ahora que tus nervios están conectados, ya pueden enviar señales eléctricas al cerebro para contarle lo que tu mano siente. El cerebro, a su vez, se vale de los nervios para indicarle a la mano que se mueva.

QUIERO MOVER MI MANO.

El músculo recibe la señal y se contrae. Eso hace que tire del hueso al que está unido y... —¡tachán!—: tu mano se mueve.

¡UY, UY, UY!

Título original: *Argh! There's a skeleton inside you!*
(Allen & Unwin, 2019)
© Idan Ben-Barak i Julian Frost 2019
Diseño de cubierta y texto: Julian Frost
Publicado por acuerdo con Allen & Unwin a través de
International Editors' Co., Barcelona
Traducción del inglés: Roser Rimbau
Primera edición en castellano: mayo de 2022
© 2022, de esta edición, Takatuka SL
www.takatuka.cat
Maquetación: Volta Disseny
Impreso en Novoprint, España
ISBN: 978-84-18821-35-6
Depósito legal: B 6644-2022

¡AY!

¡HEY, SE HA IDO LA LUZ DE GOLPE!

LE HAS DADO AL INTERRUPTOR, ¿VERDAD?

LO SIENTO.

¿TE IMPORTARÍA ALEJARTE DE ESE PLANETA, QUOG?

¡CLARO, OORT! ¿CÓMO LO HAGO?